Pasajeros en el tiempo

Passengers in Time

Vladimir Monge

CBH Books

www.cbhbooks.com

Managing Editors: Samuel Pearson and Manuel Alemán
Designer: Alisha Anderson

Published in the United States by CBH Books.
CBH Books is a division of Cambridge BrickHouse, Inc.

Cambridge BrickHouse, Inc.
60 Island Street
Lawrence, MA 01840 U.S.A.

Library of Congress Catalog No. 2006037001
ISBN 1-59835-030-7
First Edition
Printed in Canada
10 9 8 7 6 5 4 3 2 1

A Fanny, mi esposa,
porque vivir es volver a soñar
y creer
que un mundo mejor no solo es posible
sino necesario.

Índice

I

Memorias de otros tiempos

Memories of Other Times

Medianoche

De pronto cae la noche
sobre mis días claros
y me trae este raro temor a la muerte
que me estremece los huesos.
Intento aferrarme a la vida
arañando las horas,
deslizándome semana a semana
en esta inquietud que me aleja
y me acerca a tu presencia;
voy dando tumbos;
entierro mis dientes en los meses que pasan
y, con las manos abiertas,
intento alcanzarte
para seguir junto a vos
luchando por esta vida que, a ratos,
parece escaparse de nuestras manos,
pero que se aferra a nosotros
como los ríos al mar.

Midnight

The night suddenly falls
over my clear days
and it brings to me this rare fear of death
that shakes up my bones.
I attempt to take hold of life,
scratching the hours,
sliding week after week
in this restlessness that takes me away
and gets me closer to your presence;
I go tumbling,
I bury my teeth in the months that pass by
and with my open hands
I try to reach you,
to continue being next to you,
fighting for this life that sometimes
seems to escape out of our hands
but that clings to us
like the rivers to the sea.

Confesándome otra vez

Te confieso que a veces
lloro en las noches de mi exilio
nombrándote,
amándote,
siguiendo la sombra de tu cuerpo moreno.

Tu piel, tu risa,
insurreccionan mis sentimientos
haciendo vibrar mi carne y mis huesos,
y te nombro
mujer,
patria,
y te recorro enterita en mis sueños
diciéndote que te quiero
y que quiero estar con vos
para dar pasos firmes
y libres.

Confessing Myself Again

I confess to you that sometimes
I cry in the nights of my exile
naming you,
loving you,
following the shade of your brown body.

Your skin, your laughter,
my feelings rise up,
making my flesh and bones vibrate,
and I name you
woman,
homeland,
and I run across the whole of you in my dreams
telling you that I want you
and that I want to be with you
to walk steps firm
and free.

Gota de lluvia

Mi vida hubiera sido como una gota de lluvia
corriendo por la ventana;
se hubiera por fin perdido o diluido
sobre los tejados o los riachuelos,
o se hubiera parado al final, desafiante,
sobre una hoja sencilla
o sobre una palma de coco a la orilla del mar;
pero no fue así.
Y no fue así por tus ojos;
porque de pronto me viste, me sonreíste
y así detuviste mi destino de lluvia.

Mi vida hubiera sido como una gota de lluvia;
nadie en mí se fijaría,
como nadie dudaría de mi mojadez,
pero tú me viste desde que estaba en las nubes.
Desde entonces, desde entonces
no fui una simple gota de lluvia.

Drop of Rain

My life would have been like a drop of rain
running down the window;
it could have gotten lost or diluted
on the tile roofs or the brooks,
or stopped, in the end, challenging
on a simple leaf
or on a coconut palm on the seashore;
but it was not like that.
And it was not like that because of your eyes,
because suddenly you saw me and smiled at me
and thus you stopped my destiny of rain.

My life would have been like a drop of rain;
nobody would notice me,
just as nobody would doubt about my wetness,
but you saw me when I was in the clouds.
Since then, since then
I was no longer just a simple drop of rain.

Ayer

Fueron los sueños los que dirigieron nuestras vidas.
Nos dieron ese impulso primero para entregar el amor.
Ayer fueron los sueños los que nos hicieron sensatos
y nos mostraron caminos mas allá de la muerte.

También nos dieron la angustia, la terrible sorpresa
de saber que ya éramos grandes
y que era el momento de hacer algo concreto;
al ritmo de esos sueños, amamos;
junto a cada nuevo día, luchamos;
en el cielo y en la tierra, buscamos las señales
y encontramos las montañas
repletas de voces y senderos.

Al ritmo de los sueños, fuimos hombres y mujeres
y nos creció la vida como hierba silvestre.
Al ritmo de los sueños, encontramos la patria
y descubrimos, intactas, sus heridas sangrantes.

Yesterday

They were the dreams that directed our lives.
They gave us the first impulse to share love.
Yesterday there were dreams that made us sensible
and they showed us ways beyond death.

They also gave us the anguish, the terrible surprise
of realizing that we were already grown ups,
and that it was the moment for doing something real.
To the rhythm of those dreams we loved;
together with every new day we fought;
in the sky and in the earth we looked for signs
and we found mountains
filled with voices and trails.

To the rhythm of dreams we were men and women
and life grew out of us like wild grass.
To the rhythm of dreams we found our homeland
and we discovered, intact, its bleeding wounds.

Al patriota que hay en vos

Vos no mirás la patria en el rostro hambriento del pobre
ni te estremece siquiera el grito del niño
que pide dinero en la esquina;
para vos, la patria es esa cosa sublime
que te enseñaron a respetar
y que ni siquiera sabés cómo exactamente es.

Te sentís patriota al pararte firme
cuando escuchás el himno nacional
y pensás que el patriotismo se demuestra
en un partido de la selección nacional de fútbol.

En mí, en cambio, la patria se enciende en mis venas
que se inflaman al presenciar la injusticia;
la inmensa muchedumbre de indigentes
para los que no hay multiplicación de los peces.

Pareciera que habláramos de dos patrias diferentes,
pero es la misma.
Vos y yo coexistimos en su espacio
y a nuestro modo la amamos;
por eso respeto tu manera de sentirla,
consciente o inconscientemente,
porque sé que en el fondo
somos el resultado de una historia vergonzosa.

To My Fellow Countryman

You do not see the homeland in the hungry face of the poor
nor are you touched by the shout of the boy
begging you for money at the corner;
the homeland for you is that subtle thing
that they taught you to respect
and that you don't even know what it exactly is.

You feel patriotic when you stand firm
while listening to the national anthem
and you think that patriotism is demonstrated
at a game of the national soccer team.

To me, however, the homeland ignites in my veins
that get inflamed when I witness injustice;
the huge crowd of indigents
for whom there is no multiplication of the fishes.

It seems like we are talking about two different homelands,
but it is the same one.
You and I coexist in its space
and in our way we love it;
that is why I respect the way you feel it,
consciously or unconsciously,
because at heart I know
we are the result of a shameful history.

Nunca más sabrás de mí

"Cuando sepas que he muerto, di sílabas extrañas."
Roque Dalton

Nunca más sabrás de mí;
solo sabrás que he muerto
porque, aunque en algún lugar
siga fingiendo que vivo,
para vos y para mí, estaré muerto.

El otoño traerá de nuevo su derroche de hojas tristes
y tú no estarás más para abrazarte.
La tarde acongojada se irá
sin tu mirar al horizonte
y ya no tendré entonces más recuerdos
ni más remordimientos.

Ya tu recuerdo se habrá ido conmigo al silencio
donde nuevamente serás mía.
Allá alzaré otra vez tu bandera,
gritaré tus canciones
y avanzaré
seguro de la victoria.

You Will No Longer Know About Me

"When you find out that I have died, say strange syllables."
Roque Dalton

You will no longer know about me;
you will only know that I have died
because although somewhere
I pretend I am alive,
for you and for me, I will be dead.

Autumn will bring its waste of sad leaves again
and you will not be there for a hug.
The distressed afternoon will go away
without you watching the horizon
and no longer will I have more memories
nor even more remorse.

Your memory will have gone away with me to silence
where again you will be mine.
There I will once again raise your flag;
I will shout your songs
and will advance
ensured of victory.

Centroamérica mía

Sigo aquí
como una simple hoja seca
arrastrada por el río,
mientras el mundo
parece caminar indiferente a estas heridas
que vibran, enrojeciendo mi carne.

Voy partiéndome poco a poco en mil pedazos;
intento acomodarme
en los recodos de tu recuerdo,
agarrarme de tus raíces,
extender mis manos húmedas hasta tocar tu fuerza
y salvarme de perecer,
antes de haber ofrecido mi último esfuerzo,
mi última palabra.

Cuando la orilla del cauce me ofrezca tu tierra,
la besaré y te abrazaré en silencio;
caminaré sobre ti buscándote,
queriéndote,
sintiéndote por siempre mía,
Centroamérica.

Central America of Mine

I continue being here
like a simple dry leaf
dragged in the river,
while the world
seems to walk indifferent to these wounds
that vibrate, reddening my flesh.

I am falling apart little by little in a thousand pieces;
I attempt to accommodate myself
in the bends of your memory,
taking hold of your roots,
extending my dripping hands until I touch your strength
and save myself from perishing,
before I offer my last effort,
my last word.

When the shore of the river offers me your soil,
I will kiss you and embrace you in silence;
I will walk on you, seeking you,
loving you,
feeling you forever mine,
Central America.

Este barco se hunde

Podría ahora maldecir mi vida
si no fuera por mi madre:
le debo tanto que
no quiero reprochar mi concepción.

Sin embargo,
heme aquí a la par de la botella pidiendo explicación,
buscando en desespero las respuestas;
pero no hay nada:
solamente el silencio,
mi conciencia y mi delirio.

Debate de siglos y de ideas;
rechinar de dientes y de estrellas.
¿Dónde estoy? ¿Hacia dónde voy?
No tengo dirección.

This Boat Sinks

I could now curse my life
if it wasn't for my mother:
I owe her so much that
I do not want to reproach my conception.

However,
here I am by the bottle requesting explanation,
looking in despair for the answers;
but there is nothing:
only silence,
my conscience, and my delirium.

A debate of centuries and ideas;
squeaking of teeth and stars.
Where am I? Where am I going?
I have no direction.

Frío en la ciudad

La tarde se prepara para atrapar
las esquinas calladas de la ciudad.
Hace frío, mucho frío;
hojas secas y sofá,
café caliente y silencio;
es una tarde de perro echado
y no tengo una guitarra.

Hay rumores de muerte en la brisa;
susurros lastimeros que penetran las paredes
desde tantos rincones del planeta que agoniza.
La televisión vierte incesante la sangre
de vencedores y vencidos
y yo estoy aquí,
en el cuestionamiento sin sentido de mis días sin
encuentros,
sin mañanas esplendorosas de abrazos y de risas.

El tiempo está burlándose de mí,
pobre ser enloquecido de tanto amar en silencio.
Siento cómo asaltan mi conciencia
justificando, a plena luz, los horrores de la guerra
y su demencia.

Siento cómo me asaltan a cuchillo mis recuerdos
de otros tiempos sangrientos
y me inclino sobre la brisa,
sobre el silencio,
sobre el tiempo.

¡Qué esperar tan largo por ese no sé qué de mi letargo!
Sorbo la tarde despedazada y tierna
y siento al frío cruel que me arrebata las horas.
Yo sigo, seguiré,
hasta que el amor o el silencio
me venzan.

Cold in the City

The afternoon prepares to trap
the quiet corners of the city.
It is cold, very cold;
dry leaves and sofas,
hot coffee and silence;
it is a lazy dog afternoon
and I do not have a guitar.

There are rumors of death on the breeze,
sad whispers penetrating the walls
from many corners of the agonizing planet.
The television ceaselessly spills the blood
of the winners and the defeated,
And I stand here
in the senseless questioning of my days without encounters,
no splendid mornings of hugs and laughter.

Time is making fun of me,
poor man driven crazy because of so much loving in
silence.
I feel how they assault my conscience
justifying, in plain sight, the horrors of war
and its madness.

I feel how my memories assault me with a knife
from other bloody times
and I lean on the breeze,
on silence,
over time.

What a long lethargic wait for what—I don't know!
I sip the broken and tender afternoon
and feel the cruel cold snatching my hours.
I will proceed, I will continue
until love or silence defeats me.

¿Por qué siento que también huyes?

Yo no podría ahora, en este instante,
borrar esta mancha de amor en mi memoria,
que te convierte en mi estrella y en mi luz.
Trozos de mí yacen perdidos en la tierra y el espacio.

Ya no soy el ímpetu de mis días de estudiante;
ahora declino las estrellas,
huyo como coyote herido,
estrellándome, a veces, contra las rocas del camino.

La montaña se vuelve oscura;
el sol está más lejos de la medianoche.
Tú sigues aún más lejos y yo me tropiezo.
Tú te alzas y te pierdes
y yo caigo y beso la tierra
nombrándote,
nombrándote.

Why Do I Feel That You Also Flee?

I could not now, at this moment,
erase this spot of love in my memory,
that turns you into my star and my light.
Pieces of me lie lost in the earth and space.

I am no longer the impetus from my student days;
now I decline the stars,
I flee like a wounded coyote,
crashing sometimes against the rocks of the trails.

The mountain becomes dark;
the sun is far beyond midnight.
You are even further away and I stumble.
You lift up and lose yourself
and I fall down and kiss the earth
naming you,
naming you.

Reflexión crepuscular

¿Qué podría decirte ahora que, al fin, soy un adulto
y que aún arrastro, entre murmullos y rumores,
mis ardientes sueños de muchacho?
Mírame aquí, en la quietud de este instante;
explícame de una vez el misterio de la vida:
"ser o no ser",
pesadilla imbécil y sin embargo concreta,
que me atrapó al brotar!

Soy de este mundo,
o definitivamente nací hecho para el otro.
El supuesto, el presentido;
el que podría existir más allá del frío
y la caricia congelada de la muerte?
¿Qué le arranco a este
que no tenga el otro?

No me preguntes cosas;
llámame loco, estúpido,
pero necesito creer que no solo mi palabra
quedará después que muera.
¿Hacia dónde irá mi voz?
Quiero vivir y prolongarme en el tiempo,
trascender el espacio y la materia.

¿Qué me preocupa?
Es que para enfrentar este mundo necesito la vida,
la que palpita al rojo,
la que se rebela y se alza
y, para el otro mundo
de cuya existencia no conozco
más que el umbral de sus tumbas,
necesito la muerte.

Ayúdame a vivir este ahora,
este instante precoz de mis alucinaciones;
¡hazme parte de tus luchas!
¡Déjame ondear tus banderas!
Y ayúdame a morir con razón y dignidad.

Reflection at Dusk

What can I tell you now that I am an adult
and still drag, among murmurs and rumors,
my ardent dreams of boyhood?
Look at me here, in the calm of this moment;
explain to me the mystery of life:
"to be or not to be,"
stupid nightmare and nevertheless specific
that caught me when I blossomed!

Am I from this world
or definitively was I born made for the other,
the presumed, the expected,
the one that could exist beyond the cold
and the frozen caress of death?
What should I take from this one
that the other does not have?

Do not ask me things;
call me crazy, stupid,
but I need to believe that not only my word
will remain after I die.
Where will my voice go?
I want to live and prolong myself in time,
transcending space and matter.

What worries me?
It is that to face this world I need life,
the one that beats in red,
that rebels and rises up,
and for the other world,
of whose existence I do not know
but the threshold of its tombs,
I need death.

Help me live now,
this early moment of my hallucinations;
make me part of your fights!
Let me wave your flags!
And help me die with reason and dignity.

Suspenso en el tiempo

En la frágil movilidad de la brisa estás
como atrapada en el tiempo.
Tú eres agua y yo soy fuego.
Soy el verde de tus ramas,
el canto de los pájaros que transmites a mi oído.

Me arrastro entre tus pasos porque soy tu sombra;
porque mi corazón palpita en tu mirada;
porque mi amor hace mover tus manos.

Por ti soy;
por mí eres;
por mí quieres tocar el sol;
por ti quiero besar la luna.

En el pequeño universo nuestro somos elementos.
Tu pasión es un recurso, nuestro sexo un argumento.
Antes de los siglos y antes de la nada
ya sabía de tu nombre y te buscaba.

Llegaste así sin la menor intención,
con el pulso cierto y la alegría profetizada del amor.
En este instante, en este instante
detendré esta brisa
y este tiempo irremediablemente nuestro.

Cierra los ojos;
déjame tocar tu corazón.
Te besaré desde ahora y para siempre
al ritmo de tus latidos.
Creo que seremos luz para toda la eternidad.

Suspended in Time

You are in the fragile mobility of the breeze,
as if caught in time.
You are water and I am fire.
I am the green of your branches,
the song of the birds that you transmit to my ear.

I crawl between your steps because I am your shadow,
because my heart beats in your glance,
because my love makes your hands move.

Because of you I am;
because of me you are;
for me you want to touch the sun;
for you I want to kiss the moon.

In the small universe of ours we are elements.
Your passion is a resource, our sex an argument.
Before the centuries and before nothing
I knew of your name and searched for you.

You arrived thus, without the smallest intention,
with the certain pulse and the prophesied joy of love.
At this moment, at this moment
I will stop this breeze
and this time irremediably ours.

Close your eyes;
let me touch your heart.
I will kiss you from now on and forever
to the rhythm of your heartbeats.
I believe we will be light throughout eternity.

Amanecer sin lluvia

En el silencio te esperé
y te encontré en el alba,
cuando la noche vencida y triste
se alejaba llorando, tiritando de frío,
arrastrando sus historias de dolor y de muerte.

Tú trajiste la luz, como puñados de uvas verdes,
y te apoyaste en mi hombro susurrando temores,
angustias de ceniza que la tierra agonizante
convertirá algún día en erupción.

Este amanecer sin lluvia me espanta;
arrastra un grito doliente y de pobreza
que ya suena a maldición.
Oídos sordos y mezquinos intereses cabalgan
entre las fortalezas y las bolsas de valores,
inmunes al dolor del mundo.

Siento lágrimas de rabia
correr desesperadamente sobre mi cara,
como piedras de volcán,
y luego encuentro tus manos, amada mía,
tu calor, que acompaña mi ira
en este amanecer desconocido
con rumor de amor y pesadilla.

Dawn Without Rain

In silence I waited for you
and found you at sunrise,
when the defeated and sad night
was going away crying, shaking in the cold,
dragging its stories of pain and death.

You brought the light like handfuls of green grapes
and leaned on my shoulders whispering fears,
anguishes of ash that the dying earth
will turn some day into an eruption.

This dawn without rain frightens me;
it is dragging a sorrowful cry of poverty
that already sounds like a curse.
Deaf ears and mean interests gallop
between the fortresses and the stock markets,
immune to the sorrow of the world.

I feel tears of rage
desperately running down my face,
like volcano stones,
and then I find your hands, my love,
your heat, accompanying my wrath
in this unknown dawn
with a rumor of love and nightmare.

II

Sueños inciertos

Uncertain Dreams

Así te quiero

Cuando navego entre olas misteriosas
de amor y desvarío;
cuando tiemblan mis manos
y la palabra se vuelve incoherente,
incapaz de una frase de aliento y valor;
cuando al final de mi día
solitario yo camino entre el bullicio de la gran ciudad
y cruza una taciturna muchedumbre
y extiende su mano el mendigo
y grita su lamento inconcluso
la mujer que vende en la esquina
y nadie la escucha,
yo paso a su lado, camino dos pasos y doy la vuelta.
Observo sus manos, observo sus ojos
y me doy cuenta, ahí mismo,
de que hay mucha tristeza en su grito
y camino como midiendo la calle,
llamando al viento, gritando a las nubes,
jurando alzamientos.
Tiene que haber un momento cuando este grito
rompa la barrera del silencio.

Tú ves mi angustia,
el grito que se anida en mi garganta
y me recibes en la calidez de tus manos
y la confortable paciencia de tu silencio;
así te quiero:
cuando apaciguas mi grito
mientras le temo a la tarde que siempre regresa
con su carga de denuncia y espera.
¡Que se rompa el silencio, que se rompa!

I Love You Like That

When I sail among mysterious waves
of love and delirium,
when my hands shake
and the words become incoherent,
unable to spell a phrase of encouragement and valor,
when at the end of my day
I walk alone among the noise of the big city
and a taciturn multitude passes by
and the beggar extends his hand
and the vendor woman on the corner
yells her unfinished moan
and nobody listens to her,
I pass by her side, walk two steps and turn to her.
I look at her hands, I look at her eyes,
and right there I realize that
there is so much sadness in her outcry
and I walk as if measuring the street,
calling the wind, yelling to the clouds,
swearing to rise up.
There has to be a moment when this yelling
breaks the barrier of silence.

You see my anguish,
the shout that is nested in my throat,
and you embrace me in the warmth of your hands
and the comfortable patience of your silence;
I love you like that:
when you appease my yelling
as I fear the sunset that always returns
with its load of denunciation and hope.
Let the silence be broken, let it be broken!

No lo dudes

Mi amor por ti no podrás jamás dudarlo
aunque disperso en la tarde se aleje
rumbo a los montes y a las grandes avenidas;
aunque el tiempo lo obligue
a repartirse en harapos y en risas;
aunque parezca algún día débil y sufriente,
anegado entre lágrimas de rabia y dolor.

A veces
mi mundo se vuelve oscuro,
lo amenazan tormentas;
hay gritos de angustia
subiendo lastimeros
las escaleras del mundo
y yo me sumerjo entre escombros y abrazos
extendiendo mi palabra y mi piedra,
el pedernal bendito de mis ancestros,
al hombre nuevo que portará el fuego de nuestra dignidad.

Si acaso me pierdo y si acaso lloro,
aunque triste camine y me acueste a tu lado,
mi amor por tí no tienes que preguntarlo:
está ahí sólido como el roble,
hermoso como tus ojos;
está ahí por ti,
tan perenne como el aire.

Don't Doubt It

You can never doubt my love for you,
although dispersed in the afternoon it walks away
in the mounts and the great avenues,
although time forces it
to distribute itself in rags and laughter,
even should it seem someday weak and suffering,
flooded with tears of rage and pain.

Sometimes
my world becomes darkened,
threatened by storms;
there are shouts of anguish
climbing with sorrow
the ladders of the world,
and I submerge amid rubble and hugs,
extending my word and my rock
the blessed flint of my ancestors,
to the new man who will carry on the fire of our dignity.

If, perhaps, I lose myself, and in case I cry,
although sadly I walk and lay down by your side,
you don't have to question my love for you;
it is there, solid as the oak,
beautiful like your eyes;
it is there for you,
as perennial as the air.

Hoy

Hoy que te tengo, canto;
hoy que te quiero, siento;
hoy que me amas, grito
y me regocijo desafiando al silencio.

Ayer llegabas repartiendo pétalos,
anunciando esperanzas,
y yo te creí.

Me aferré al calor de tus manos
y a tu voz que arrastraba el sonido del río,
de la cascada que rompe del abismo el silencio.

Yo te creí
y susurré una promesa hacia el sol:
amarte por siempre y quererte diariamente
entre tanto dolor que contamina la tierra.

Hoy que te tengo, canto;
pinto en el cielo el color de las naranjas
y pronuncio tu nombre.
Eres tú, soy yo, somos los dos
y hoy que somos y estamos, cantamos
este amor solidario
para la humanidad.

Now

Now that I have you, I sing;
now that I love you, I sense;
now that you love me, I shout
and rejoice, challenging silence.

Yesterday you arrived distributing petals,
announcing hopes,
and I believed in you.

I grasped the heat of your hands
and your voice, pulling the sound of the river,
of the cascade breaking the silence of the abyss.

I believed in you
and whispered a promise to the sun:
to love you forever and every day love you
amongst so much pain contaminating the earth.

Now that I have you, I sing;
I paint in the sky the color of the oranges!
And I pronounce your name.
You are, I am, we are,
and now that we are together, we sing
this harmonious love
to humanity.

Presentación

Te amé
cuando el amor ya no podía esperar más.
Yo era ruinas.
Ahí llegaste arrastrando tus pasos,
hurgando entre los pedazos de mi piel
hasta tocar mi corazón
y entonces,
arrastrado por ese no sé qué de tu palabra y tus manos,
junté mis miserias
y me erguí orgulloso
levantando mi palabra y gritando mi verdad.

Vengo de la oscuridad más profunda,
donde el grito derrotó al dolor
y me presento ante ti, ante todos,
con tus manos y mis manos apretadas
para repartir la alegría censurada
a los hombres y mujeres renacidos
en la lucha por el pan y la verdad
y que retoman sin temores
este viejo camino de pirámides, piedras y jaguares,
de justicia y dignidad, y de amor en libertad.

Presentation

I loved you
when love could not wait any longer.
I was in ruins.
There you arrived, dragging your steps,
searching between the pieces of my skin,
until you touched my heart
and then,
dragged by that something of your word and your hands,
I put together my miseries
and stood up proud,
raising my word and shouting my truth.

I come from the deepest darkness,
where the shouts defeated pain,
and I appear before you, before all,
with your hands and my hands tightened up
to distribute the censored joy
to the reborn men and women
who struggle for bread and truth
and retake without fears
this old road of pyramids, stones, and jaguars,
of justice and dignity, and of love in freedom.

Sueños y palabras

La vida transcurre lenta o fugaz, como entre tumbos,
arrastrando entre la arena
los sueños del pan y la palabra;
la angustia esperanzada del humano
que sueña con un justo porvenir
donde la uva y el maíz, en la pobre mesa vencida,
ya no sean una ilusión
en el espejismo colectivo que produjo el hambre.

La palabra seguirá
con su cargamento de romance y verdad
desafiando el final de los sueños.

Se romperá el cielo y su infinito
y se abrirá en dos la montaña
el día en que, apuñaleada y sedienta,
caiga rendida la utopía.

La vida, como la luna y el mar,
seguirá su paso entre las muchedumbres
con nuevos sentimientos y gritos
que denuncien, como margaritas deshojadas,
la raíz del dolor.

Dreams and Words

Life goes on slow or fast, like between tumbles,
dragging among the sand
the dreams of bread and word,
the hopeful anguish of the human being
dreaming of a right future
where the grape and the maize on the poor defeated table
are no longer an illusion
in the collective mirage that hunger produced.

The word will go on
with its load of romance and truth
defying the end of the dreams.

The sky and its infinity will break apart
and the mountain will be split in two
the day that, stabbed and thirsty,
the utopia falls exhausted.

Life, like the moon and the sea,
will continue its accompaniment with the crowds
with new sentiments and shouts
denouncing, like leafless daisies,
the root of pain.

De fin de siglo y de rosas

(a propósito del cambio de milenio)

Destrozadas quedaron las rosas al final de los años,
pero los augurios fatales no lograron concretar maldiciones
que querían reventar las entrañas de la tierra
y el corazón del sol.

Así
seguimos
más días y más años,
pasando silenciosamente entre arrugas y esperanzas.

El cielo todavía es un pretexto
para no fornicar sobre el pasto;
el infierno aún detiene los deseos de matar.

Trato de encontrar la llave
que me abra la puerta del entendimiento,
pero no hay nada:
solamente confusión y silencio.

Poco a poco el todo, el universo,
se va midiendo, se va cuantificando,
y de repente la sonrisa y el canto de los pájaros,
se vuelve masa, se vuelve algo
uniforme e insensible al llanto

y la miseria que están arrasando la tierra.
Sonrisa y canto atado a transacciones,
sujeto a compraventa.
"Todo en este mundo y todos en la tierra
estamos a la venta",
decía un empresario
y yo sentía mariposas anidando en mi bandera.

Mi madre
seguirá en los confines de la tierra
convenientemente olvidada
entre rumores de río y tormenta tropical,
entre flores de narciso y cantos de zenzontle,
esperando la promesa de los dioses.

Y yo estaré aquí
siendo masa, siendo cosa,
sujeto consumidor,
movible,
temporal,
desechable.

End of Century and Roses

(on occasion of the change of millennium)

Destroyed were the roses left at the end of the years,
but the fatal omens did not manage to fulfill curses
that wanted to burst the earth entrails
and the heart of the sun.

Thus
we followed
more days and more years,
going by quietly among wrinkles and hopes.

The sky still is an excuse
not to fornicate over the pasture;
Hell still stops desires to kill.

I try to find the key that opens the door
to my understanding,
but there is nothing:
only confusion and silence.

Little by little, the whole, the universe,
is being measured, quantified,
and suddenly the smile and the song of the bird
becomes mass, becomes a thing,
uniform and insensible to the weeping

and misery that is devastating the earth.
Smile and song tied to transactions,
subject to buy and sell.
"Everything in this world and all in the earth
 are for sale,"
a businessman said,
and I felt butterflies nesting in my flag.

My mother
will continue at the corners of the world
conveniently forgotten
between rumors of river and tropical storm,
between flowers of narcissus and songs of zenzontle birds,
hoping for the promise of the Gods.

And I will be here,
being mass, being a thing,
consumer subject,
movable,
temporary,
disposable.

Caracas, abril 12

Hay que escuchar el sonido de la tierra,
escrutar las señales en el cielo,
apedrear este temor y este miedo que sacude a la razón.
Hay que deshacer las angustias,
abrir las puertas y dejar la casa,
sucia o limpia, ¿qué más da?

Que en el límite temible del tiempo
ya no hay tiempo que esperar;
hay que correr hacia abajo y sacudir el polvo del cerro,
levantar la libertad de su postrada agonía,
reclamar la dignidad con violenta rebeldía.

Hay que dejar la casa abierta y correr;
dejar a padre y madre y correr
calle abajo, frente en alto,
arrebatando los ecos de los montes
con miles de truenos de tormenta,
sudorosos y hambrientos,
con la mirada fija y el pulso latiendo,
con la sangre hirviendo en el fuego
del dolor del nuevo siglo,
arrastrando los sueños de los pobres redimidos.

Correr esquina a esquina, barrio a barrio,
juntando las piedras del camino,
¡venciendo la mentira!,
¡levantando las antorchas!,
¡empuñando las banderas!

Con el grito a flor de piel,
quemando otra vez las naves
haciendo imposible el regreso
¡y salvando a Miraflores!

Caracas, April 12

We have to listen to the sound of the earth,
scrutinize the signals in the sky,
stone down this fear that shakes up reason.
We have to undo the anguishes,
open the doors and leave the house
dirty or clean, what does it matter?

In the frightful limit of time
there is no more time to wait;
we have to run down the mount
and shake the dust of the hill,
to raise freedom from its prostrate agony,
claiming dignity with violent revolt.

We have to leave the house open and run,
leave father and mother and run
down the street, with our forehead up,
snatching the echoes of the mounts
with thousands of thunders,
sweaty and hungry,
with the sight fixed and the pulse beating,
with the blood boiling in the fire
of the new century's pain,
taking along the dreams of the redeemed poor.

Running corner to corner, district to district,
collecting the stones of the road!
Defeating the lies!
Raising the torches!
Grasping the flags!

With the shouts on the skin,
burning down the ships again,
making the return impossible
and saving Miraflores!

Que regreses

Una luna mordida en una noche de octubre
iluminó las veredas hacia el olvido,
hacia el silencio de mi alma desgarrada
ante tu indiferencia terminal.

Que tu sonrisa de esmeralda se pierda entre las estrellas
que débiles palpitan
en un cielo amenazado por armas y bacterias.

Que tu sonrisa se pierda,
que tu amor se disuelva entre las rosas vespertinas
sin regaderas de otoño;
y que, cansado del camino,
encuentre cobijo otra vez en los escondites de mi alma
que, cálido, aún guarda un espacio para tus pasos.

Que regreses somnolienta
y tal vez arrepentida
a beber agua bendita
entre mi pecho y mis manos.

May You Return

A bitten moon on an October night
illuminated the paths towards forgetfulness,
towards the silence of my torn soul
before your terminal indifference.

May your emerald smile get lost among the stars
that weakly beat
in a sky threatened by arms and bacteria.

May your smile be lost;
may your love dissolve among the dusk roses
without autumn water
and, tired of the way,
may it find shelter again deep down in my soul
that still keeps a warm space for your steps.

May you return somnolent
and maybe sorry
to drink blessed water
between my chest and my hands.

Al pie del Tazumal

Mi vida pasará entre silencio de espinas.
Un murmullo entre la hierba gritará mi verdad;
pronunciará la rabia acumulada y escondida
entre la noche oscura y la montaña,
que fermentaron mis sueños y los sueños
de aquéllos que hace tantos años
labraron estas escalinatas y estos templos,
ahora rastros que me empujan
al pasado y a la eternidad.

¿Quiénes fueron los que, con tantos ritos místicos,
nos antecedieron?
¿De dónde vino su sangre,
esta sangre que nutre el color de mi piel?
Cada eslabón es un recuerdo, cada paso una voz
y cada piedra un sentimiento que sobrepasa los tiempos.

Y yo aquí,
mínimo animal que sus raíces ignora,
me estremezco
y grito entre las piedras la verdad de mi raza esclavizada,
la verdad que me da vida y me mata
y me arrastra irremediablemente
llevándome al principio,
donde un mundo de gloria terminó.

At the Foot of El Tazumal[1]

My life will go on amid silence of thorns.
A murmur among the grass will shout my truth;
it will pronounce the accumulated and hidden rage
between the dark night and the mountain
that fermented my dreams and the dreams
of those who so many years ago
carved these stairs and these temples,
now become footprints that push me
back to the past and eternity.

Who were those who with so many mystical rites
preceded us?
Where did their blood come from,
this blood that nourishes the color of my skin?
Each link is a memory, each step is a voice,
and each stone is a feeling that exceeds time.

And I, right here,
tiny animal that ignores his roots,
I tremble,
and shout amid the stones the truth of my enslaved race,
the truth that gives me life and kills me
and drags me hopelessly,
taking me to the beginning,
where a world of glory ended.

[1] Mayan ruins site in El Salvador

Octubre 2001

La tarde estaba triste;
el reloj marcaba probablemente las cinco y llovía.
El otoño irrumpía de nuevo
con su cargamento de hojas humilladas y vencidas
de frío y de nostalgia.
Y entonces pensé en ti,
en tu sonrisa perdida entre la penumbra del atardecer,
en Washington, D.C., en octubre de 2001.

En la distancia hay estremecimientos planetarios;
en el vencindario cotidiano hay miedo:
víctimas de la locura asesina
aún resuenan los edificios que caen
como castillos de naipes, dejando lágrimas desnudas;
y las noticias hablan de bombas
desparramadas allá a lo lejos,
como lluvia metálica que desintegra la carne.

¿Hacia qué rumbo desconocido nos están llevando?
¿Quién les dio tanto poder para humillar la luz
y repartir la sombra?
Son noches sin sueño, más oscuras que el temor;
noches de edificios derrumbados y cuerpos amados
soterrados;
religiones ofendidas y dioses en retirada
que abandonan cada lado del fuego disparado.

Entre noticias de ruinas y el miedo,
entre la angustia y la esperanza,
surges tú como una tenue luz;
aprietas mi mano y tocas mi pecho y lo sabes:
las heridas están a flor de piel.

El dolor y el odio se derrama desde los televisores
marchitando la sonrisa de los niños de ambos lados.
¿Qué distancia recorrimos ambos mundos?
¿Qué distancia nos falta
para matarnos sin piedad?

Ayer oí a los niños gritando en TV;
vi a las mujeres, asustadas, correr.
Y, entre imágenes de colores dispersos,
yo caminaba ambulante pensando, sintiendo
este dolor en ambas orillas del mar.

October 2001

The afternoon was kind of sad;
the clock marked probably five o'clock and it was raining.
The fall was again coming up
with its load of humiliated and defeated leaves
of cold and nostalgia.
And then I thought of you,
of your smile lost amid the uncertainty of the sunset,
of Washington, D.C., of October 2001.

In the distance there are planetary tremors;
in the daily neighborhood there is fear:
victims of murderous madness,
the buildings still resonate while falling down
like playing card castles, leaving naked tears;
and news is coming about the spread
of bombings far away
like metallic rain disintegrating human flesh.

What unknown destination are they taking us towards?
Who gave them so much power to humiliate light
and spread the shadow?
These are nights without sleep, darker than fear,
nights of destroyed buildings and buried loved ones,
offended religions and retreating Gods
abandoning each side of the shooting fire.

Among news of ruins and fear, among anguish and hope
you arise like a tenuous light;
you take my hand and touch my chest and you know it:
the wounds are out in the open.

Sorrow and hate are shed from the television,
weakening the smiles of the children of both sides.
What distance have both worlds gone through?
What distance still keeps us apart,
to kill each other without mercy?

I heard the children screaming on TV yesterday;
the women, scared, running away.
And between images of dispersed colors,
I walked lost in thought, feeling this sorrow
on both shores of the sea.

Pensamiento

Esta noche estoy postrado,
acosado entre visiones estelares.
Surges en mi noche como la vía láctea,
tan cercana y tan lejana,
arrastrando inmensas constelaciones
y agujeros negros tan temidos y soñados.
Intento, sin sentido, lanzarme hacia ti
y, con miedo, volver a la noche de las estrellas preñadas,
a tu calor tan circular, tan especial.

Podría hoy gritarle al viento
mil consignas de alzamiento y rebelión
y con tus manos escribir las alabanzas,
por los siglos de los siglos,
en la gloria y en la hora del hombre confundido.
Podría ahora hacerlo, amor mío; podría,
con tu fuerza y tu razón.

¡Adelante!, ¡el desafío se presenta!
Tú eres esa razón de la materia:
rebelión, terquedad, pronunciamiento.

Thought

Tonight I am lying down,
beleaguered among stellar visions.
You arise in my night like the Milky Way,
so close and so far away,
dragging huge constellations
and black holes so feared and dreamed.
I senselessly attempt to jump on you
and with fear return to the night of the pregnant stars,
to your so circular and so special warmth.

I could shout today to the wind
a thousand slogans of rise and rebellion,
and with your hands write the praises
by centuries of centuries
in the glory and in the time of the confused man.
I could do it now, my love, I could
with your strength and reason.

Let's go forward! The challenge is on!
You are that reason of the matter:
rebellion, stubbornness, pronouncement!

Memorias y tropiezos

Si la historia se borrara fácilmente
a pesar de los hechos sangrientos,
tu sonrisa, entonces, no tendría este efecto
de herida y de aplastamiento.

Yo quisiera ser feliz
como una flor sorprendida por la lluvia de mayo
o como un pez en río lento,
sintiendo la caricia suave de la corriente;
pero me arrastro, mendigo, persiguiendo tus besos,
arrastrado a esta historia que es tan tuya y tan mía,
tan especial y tierna;
que nos ata a tormentas y barrancas,
a veredas y caminos polvorientos,
¿te recuerdas?

A veces regreso a caminar en las avenidas empedradas
observando, taciturno, el brillo de la luna
reflejado en los tejados y en las piedras,
sintiéndote tan mía como cada piedra,
como cada esquina;
apareciendo a mi lado entre las veraneras
dormidas en la noche;
haciéndome olvidar el despacioso caminar de mi soledad,
de mi existir...

Vivo porque respiro bajo la frágil sombra de los sueños
el amor que busco en ti.
Es una piedra acumulada y bautizada
que se apresta a parir antes de que
se acerquen los tropiezos enloquecidos de mis pasos.

Memories and Slips

If history was erased easily,
despite the bloody facts,
your smile, then, would not have that effect
of hurt and crashing.

I would like to be happy,
like a flower surprised by the rain of May,
or like a fish in a slow river
feeling the smooth caress of the current;
but like a beggar I crawl, following your kisses,
dragged to this history that is so yours and so mine,
so special and tender,
that bonds us to storms and ravines,
to trails and dusty roads;
do you remember?

At times I go back to walk on the cobblestone avenues
observing, taciturn, the brightness of the moon
being reflected on the tile roofs and the stones,
feeling you as much mine as every stone,
as every corner;
appearing by my side between summer flowers
sleeping in the night,
making me forget the slow passing of my solitude,
of my being!

I live because I breathe under the fragile shade of dreams
the love that I seek in you.
It is an accumulated and baptized rock
that is prepared to give birth
before the wild slips of my steps approach it.

Mi vida entre tus besos

Mi vida está en tus labios
tejidos de henequén y algodón.
Tú eres mi piedra del camino, mi historia
escrita en el barro y la montaña;
tú surges y me levantas,
me pronuncias y agigantas,
en esta tierra,
en esta arena
que me resguarda y humedece
cada vez que me atrapan tus besos
y tus sueños.

My Life Among Your Kisses

My life is in your lips
weaved with henequen and cotton.
You are the stone of my way, my history
written on clay and the mountain;
you arise and raise me up,
you pronounce me and exaggerate me,
in this earth,
in this sand
that protects and dampens me
every time that I get trapped by your kisses
and your dreams.

III

Del silencio a la palabra

From Silence to the Word

La ventana

La ventana podría ahora abrirse despaciosa con el viento
y mostrarme atardeceres de nieve y árboles secos;
tratar de convencerme de que solo el frío
es el futuro de mi vida.
Abrir de repente paisajes prohibidos
y mostrarme la cara del dolor.

Tal vez un día una luz diferente brillará
y mostrará orgullosa los nuevos rostros del amor,
silencio derrotado y burlada soledad.

Mientras tanto la ventana será mi desafío:
observar sin mirar, gritar sin preguntar,
cuestionar sin pretender;
haber encontrado el nido cálido de la respuesta esperada.

¡Cuán agudos los sonidos del misterio cotidiano!
¡Qué angustiosos los momentos en la espera vespertina!
Ahora estoy aquí, de rodillas, ante el silencio,
la sombra misteriosa de mi vida
y la pesadumbre de mis días.

The Window

The window could now be opened slowly by the wind
and show me twilights of snow and dry trees,
attempting to convince me that just the cold
is the future of my life.
Suddenly opening prohibited landscapes,
showing me the face of sorrow.

Perhaps one day a different light will shine
and it will proudly show the new faces of love,
defeated silence, deceived solitude.

In the meantime, the window will be my challenge:
observing without watching, shouting without asking,
questioning without pretending
to have found the warm nest of the expected response.

What acute sound of the daily mystery!
What distressing moments in the twilight delay!
Now I am here kneeling before silence,
the mysterious shade of my life,
and the uncertainty of my days.

Tarde de abril

Esta tarde de abril está cayendo tan sin gracia
que me cae como piedra tu recuerdo.
Hace tantos soles y hace tantas lunas
que privatizaste mi amor
y lo ataste a tus pasos y a tus gestos,
a las piedras del camino
y a la despaciosa erosión de la tierra,
en su juego de amor con la lluvia.

Cuando pienso en tus palabras, se me enternece la piel
y me llevas de regreso a rebeliones incompletas;
a sueños que arrebatan la quietud de los palmares.
Repentinamente, soy en tu amor tan Che Guevara
que me vuelvo roca, roble, piedra de altar.

Estremeces mis venas, estremeces la tierra,
me plantas y me arrastras
levantando las raíces crecientes de este árbol
que me crece en la sangre:
las raíces de mi raza y pensamiento.

Mujer de piedra en precipicio
que suavizas las caídas repentinas de mi alma:
¡No te vayas!, ¡vuelve!
¡Necesito tus manos, necesito tu andar!

Este amor que me arrastra y te dedico
es tan privatizado y colectivo;
tan despreciado y selectivo,
y sin embargo popular,
que me rebela y me alza,
¡me empuja y me levanta!

Dame tu mano ahora.
La larga hora del silencio ha terminado;
escucha el sonido hiriente de la obsidiana:
soy porque tú eres;
vivo en tu presente, en tu colectividad.
Tu presencia es la respuesta de mi alma al preguntar
¿qué hay mas allá del umbral de la muerte?
La eternidad.

April Afternoon

This April afternoon is falling so gracelessly
that your memory falls down on me like a stone.
So many suns and moons ago
you privatized my love
and tied it to your steps and your gestures,
to the stones of the road
and to the slow erosion of the earth,
in its game of love with the rain.

When I think about your words my skin trembles
and you take me back to incomplete rebellions,
to dreams snatching the calm of the palm fields.
Suddenly, I am in your love so Che Guevara
that I become rock, rivet, altar stone.

You shake up my veins, you shake up the earth,
you plant me and drag me up,
raising the growing roots of the tree
that grows in my blood:
roots of my race and thought.

Stone woman on a precipice,
you that smooth down the sudden falls of my soul:
don't go away! Return!
I need your hands, I need your companionship!

This love that drags me and that I dedicate to you
is so private and collective,
so despised and selective,
and nevertheless popular,
that it makes me rebel and rise up!
It brings me down and raises me up.

Give me your hand now.
The long hour of silence has ended;
listen to the wounding sound of the obsidian:
I am because you are;
I live in your present, in your collectivity.
Your presence is the response to my soul when asking
"what is there beyond the threshold of death?"
Eternity.

La ciudad

La ciudad parece un desierto negro
con ciertos puntos multicolores;
en ella camina la rabia del latino
atrapado en el consumismo cotidiano.

La ciudad es ese desierto
de las contradicciones más escalofriantes.
Junto a las limosinas, los palacios y los ministerios
deambulan ignorados los hambrientos,
los ilegales, los soñadores,
los que apenas pueden levantar su vista
para divisar a lo lejos
el próximo edificio a limpiar o a pintar.

La ciudad fría y asfaltada no extraña los maizales.
Es el sentimiento del hombre y la mujer nuestros
que se arrastran por las cloacas, soñando un día regresar.
La gran ciudad norteamericana
trasciende, con su acero, el esplendor;
el latino nuestro se arrastra en sus esquinas y tugurios
con su juventud acabada y su dolor.

The City

The city seems a black desert
with certain multicolored points;
in it walks the rage of the Latino
trapped by the daily consumerism.

The city is that desert
of chilling contradictions.
By the limousines, the palaces and the ministries
ramble, ignored, the hungry ones,
the illegals, the dreamers,
those who can barely raise their sight
to spot in the distance
the next building to clean or paint.

The cold and asphalted city does not miss the corn fields.
It is the feeling of our men and women
that crawls by the sewers, dreaming someday to return.
The great North American city,
with its steel, transcends splendor;
our Latino crawls in its corners and ghettos
with his ended youth and his sorrow.

No puedo

No puedo ahora —nunca pude—,
no pude despojarme de tus raíces, de tu negra tierra.
Eres un río de sangre que palpita en mis venas;
que me arrastra y sacude.
La vida mía, esta pobre y miserable vida
que se desgaja, que se desviste,
no tendría sentido sin tu voz, sin tu bandera.

Yo canto y te levanto tanto
que por las tardes quisiera detener el sol
para que no te atrape la oscuridad de nuevo, país mío
¡para que no te atrape la oscuridad!

No puedo —nunca pude— repudiarte.
Siempre me alzaste en la razón de tu memoria
y me llevaste a tus batallas de siglos y de estrellas.
Me da miedo la oscuridad sobre tu tierra;
le tengo temor a la noche.

Tú me conoces:
soy el más cobarde personaje de la creación
cuando se trata de alturas.
Por ejemplo, el décimo piso de un edificio.
Sin embargo, mira que cuando cae la noche
en su más inmensa oscuridad
¡más lindas son las estrellas!
Quetzalcoatl no se ha ido;
está en su exilio, ahí arriba,
mirándote sorprendido.

I Can't

I can't now, I never could;
I could not let your roots or your black soil get away from me.
You are a blood river beating in my veins
that drags me away and shakes me up.
My life, this poor and miserable life
that breaks off and undresses,
would not make any sense without your voice, without your flag.

I sing and raise you up so much
that during sunsets I would like to stop the sun
so darkness does not catch you again, country of mine;
so you are not trapped by darkness!

I can't, I could never repudiate you.
You always lifted me in the reason of your memory
and took me to your battles of centuries and stars.
I am afraid of the darkness over your land.

You know me:
I am the shyest personage in creation
when it comes to heights;
for instance, the tenth floor of a building.
However, see that when the night
in its most immense darkness falls,
the stars are prettier!
Quetzalcoatl is not gone;
he is up there in his exile,
looking at you, surprised.

Andando

Hace muchos soles y hace muchas lunas
que venimos andando;
a tropiezos, pero andando;
cayendo de repente, pero andando.
Acorralados ante el temor y las murallas;
anegados en la sangre derramada en los altares;
desterrados como bandadas de murciélagos
que adivinan los misterios dibujados en la noche.

Hace muchos soles y hace muchas lunas,
desde el tiempo aquel cuando el sol era Dios
y la luna, una diosa de plata que brillaba sobre el mar;
desde ese tiempo mágico del continente encantado,
donde las fuentes de los palacios
susurraban a las pirámides
historias antiguas de batallas floridas;
de amores de princesas y enardecidos guerreros.

Hace muchos soles y hace muchas lunas
que fue violada la sangre, la tierra y la montaña.
Desde entonces seguimos andando;
andando seguimos.
A veces cabizbajos, cuesta arriba,
y a veces erguidos, persiguiendo nuevos vientos.
Así llegamos;
así venimos;
así seguimos andando.

Walking

It has been so many suns and moons
that we have been walking,
tripping but getting up and walking,
suddenly falling down but walking.
Cornered before fear and walls,
flooded by the blood spilled over the altars,
exiled as flocks of bats
guessing the mysteries drawn in the night.

It has been so many suns and moons
since the time when the sun was God
and the moon a silver princess shining on the sea,
since the magical time of the enchanted continent
where the fountains of the palaces
whispered to the pyramids
old stories of flowery battles,
love stories of princesses and ardent warriors.

It has been so many suns and moons
that blood, land and mountain were violated.
Since then we have continued walking;
walking we continue.
At times, crestfallen, uphill;
and sometimes standing up, following new winds.
Thus we arrived;
thus we come;
thus we continue walking.

Preguntas inciertas

Vivir, ser, ¿qué es?
Añorar, recordar, ¿imaginar o soñar?
Perdonar, matar, flotar,
avanzar silenciosamente
pensando que el mundo, algún día,
será un lugar justo para vivir,
¿gracias a Santiago de Chile?
¿O a Wall Street?
¿O tal vez a Washington, D.C.?
¡No sé!

En mi calle los vagabundos deambulan
y en mis países latinos
la miseria de ayer sigue hoy sin piedad.
¿Qué puedo esperar?
¿Una rosa, un milagro?
¿O un discurso de un político derechista joven,
educado en Georgetown?
¡No sé!

Tal vez es tiempo del regreso.
Encontrarme a mí mismo
en una pequeña población de mi patria
y palpar la verdad, mi verdad,
el camino a mi propia libertad.

Uncertain Questions

Living, being, what is it?
Missing, remembering, imagining or dreaming?
Forgiving, killing, floating,
advancing silently,
thinking that the world someday
will be a just place to live in;
thanks to Santiago of Chile?
Or Wall Street?
Or maybe Washington, D.C.?
I do not know!

In my streets the homeless ramble
and in my Latin American countries
the misery of yesterday continues today without mercy;
what can I hope for?
A rose, a miracle?
Or a speech of a young right-wing politician
educated in Georgetown?
I don't know!

Perhaps it is time to return.
To find myself
in a small town of my homeland
and feel the truth, my truth,
the way to my own freedom.

Pasajeros en el tiempo

¿Qué somos sino pasajeros esporádicos
en este tren del tiempo?
Ayer, en la inocencia aún no mancillada,
creíamos que la vida nos crecía a borbollones.
Teníamos tanta risa en los labios
que la regalábamos a montones;
apenas alguna lágrima se atrevía a brotar
cuando un zarpazo repentino nos golpeaba el corazón.

Después vinieron las sombras a opacar la luz;
el resplandor tenue en medio
de la miseria de un pueblo.
La vida vino a valer menos que una migaja de pan
y caían nuestros seres queridos como caía una hoja seca,
una tarde indiferente o un puñado de moscas.

Tal vez un pariente cercano,
un amigo del alma o un líder querido.
Y entonces oíamos ese retumbar del corazón
que nos traía la vergüenza de sentirnos culpables
de indiferencia; quizá
de desamor; quizá
de soledad; quizá
de sentir esa palpable sensación
de estarnos deshumanizando.

Ya poco valía la vida como poco valía la muerte
y, sin embargo, dolía.
Llorábamos como niños a cada zarpazo de la muerte.
Luego vino la huida;
el tropel de la locura que nos hizo abandonar la tierra,
la oscura tierra de la cadena antigua de nuestros abuelos;
sus pueblotes de calles empedradas
y de los ranchos con olor a tierra y masa.

Llegábamos como náufragos
desde las cuatro esquinas del terruño querido
para volvernos a encontrar en este punto lejano del mundo.
"Este barco se hunde", habíamos dicho acerca del país
y nos tiramos al mar
sin haber aprendido a nadar;
pero vencimos las olas, la furia enloquecida del mar,
y aquí estamos y así vamos, de tumbo en tumbo
solos otra vez; quizá
más humanos que antes; quizá
con la dignidad recuperada o perdida; quizá...

Y así, poco a poco,
en la insolente carrera del tiempo, al envejecer de la carne,
el país se vuelve una imagen difusa,
punto de partida o llegada de donde solo sacamos
un corazón cargado de sueños
(¡las tradiciones se vuelven tan solo fantasmas de colores!);
el país se va y los parientes mueren.

Oímos a lo lejos que se nos muere la gente,
uno por uno, seres queridos,
ramos de un mismo árbol cortados por el mismo machete.
Y nos viene de nuevo esta angustia,
este delirar,
esta sensación de impotencia y soledad...
Dios, ¿dónde estará?
¿Estará caminando conmigo
o me está cargando en sus brazos?

Passengers in Time

What are we but sporadic passengers
on this train of time?
Yesterday, in innocence not yet disrupted,
we believed that life grew in us like hot springs.
We had so much laughter in our lips
that we gave it away by handfuls;
hardly a tear dared to appear
when a sudden blow would strike our heart.

Later, the shadows came to hide the light,
the tenuous brilliance in the middle
of the misery of the people.
Life came to be worth less than a breadcrumb
and our beloved next of kin fell as a dry leaf would fall,
an indifferent afternoon or a handful of flies.

Perhaps a close relative,
a friend of the soul or a loved leader.
And then we would hear that beating of the heart
that would bring to us the shame of feeling guilty
of indifference, perhaps
of lack of affection, perhaps
of solitude, perhaps
of feeling that concrete sensation
of being dehumanizing.

Life was worth little as death was worth little;
however, it hurt.
We cried like children after each blow of death.
Then came the stampede;
the flurry of madness that made us leave the land,
the dark land of the ancient chain of our grandfathers,
their big towns of cobble stoned streets
and the farms with scent of earth and mass.

We arrived like shipwrecks
from the four corners of the beloved homeland
to find ourselves again in this far away point of the world.
"This boat sinks," we had said about the country,
and we threw ourselves to the sea
without having learned how to swim;
but we overcame the waves, the fury gone mad of the sea,
and here we are and thus we go, from tumble to tumble,
alone again; perhaps
more human than before; perhaps
with recovered or lost dignity; perhaps…

And thus, little by little,
in the insolent race of time, the aging of the flesh,
the country becomes a diffuse image,
a departure or arrival point from which we only got
a heart filled with dreams
(the traditions become just colored ghosts!);
the country goes away and the relatives die.

We hear in the distance that our people die
one by one, beloved ones,
branches of the same tree being cut by the same machete.
And this anguish comes to us again,
this delirium,
this sensation of helplessness and loneliness.
God: where will He be?
Is He walking with me?
Or is He carrying me in His arms?

Monólogo a la luz de la luna

I

Luz de luna tienen tus ojos.
Sed de luna, de luz de luna, siento en mi interior.
¿Qué sería de mi sombra sin tu luz?
¿Cómo vagaría sin sentido
en la tiniebla tenebrosa de la soledad,
arrodillado sobre arena, sangrando mi verdad?
¿Qué sería de mí?
¿De esta alma burlada que se doblega
cada vez que no encuentra tus ojos,
esos ojos tuyos con luz de luna
que derriten el material más duro de mi alma?
¡Esta soledad inerte pronto acabará
rompiéndome la madre contra las piedras!

II

Apareces nítida y definida en mi espacio y en mi tiempo
como campana centenaria vencedora del silencio.
Aunque tú no lo sepas nunca,
¡eres responsable de todo por cuanto sufrí y luché;
por cuanto reí y lloré; por cuanto odié y amé!

En el primer estremecimiento de tu cuerpo
mis poros se saturaron de tu amor
y mi cuerpo entero, en su rudeza de piedra negra,
se empapó de tu olor, de tus temblores, de tu dolor.

Tú, solamente tú,
intacta y detenida en el tiempo perfecto y preciso
del mejor lapso mágico de amor en mi vida
lograste, paso a paso, construirte entre mis células, entre mis venas,
como una muralla, maravilla de tu cuerpo y del mío.

Tú, solamente tú,
responsable de mi risa altiva y valiente;
de mis arranques de furia, de alzamiento y rebelión;
segadora de mi trigo;
moledora del maíz, razón umbilical de nuestra historia.

Tú muralla, tú sol naciente,
vibrarás por siempre en mis venas y en mis sentidos,
y en mi risa ahora triste y vencida,
aunque tú no lo sepas nunca, ¡recuérdalo:
aunque no lo sepas nunca!

III

Ahora me doy cuenta
de que el conteo regresivo ha comenzado.
Ya mis ojos no brillan a la luz de la luna.
¡Ya no le inspiro odio o temor a nadie
ni mucho menos traición, amor o lealtad!

Es duro este eco que resuena
en los oídos de mi historia personal,
tan atada a tí, por lo demás,
anunciando que ya todo se ha consumado.
¡Ya mis ojos no brillan a la luz de la luna!

Estoy perdido en la oscuridad
siempre imperfecta de las grandes ciudades
donde el alma se vuelve pavimento
y el amor gotea en las cloacas radicalmente contaminado.
No me hables de mis sueños, por favor, porque sangraría.
Sabes que me niego a intercambiarlos
por un pequeño salario en dólares;
más bien necesito tus manos
para mitigar el dolor y la vergüenza.

Ya la luna no reposa su tímida luz en mis ojos.
Pronto mi cuerpo empezará a ceder y entonces
ya no seré ni siquiera una sombra a la luz de la luna,
caminando cabizbajo hacia no sé dónde.
Entre mi paquete pesado de sublimes memorias
te guardaré y recordaré
que un día fuiste mi victoria
y la alegría de mi pueblo.

Moonlight Monologue

I

Moonlight is in your eyes.
Thirst of moon, of moonlight I feel in my interior.
What would my shade be without your light?
Would it wander senseless
in the tenebrous darkness of solitude,
kneeling down on the sand, bleeding my truth?
What would it be of me?
Of this deceived soul that folds down
whenever it does not find your eyes,
those eyes of yours with moonlight
melting the hardest material of my soul?
This inert solitude soon will end up
breaking me apart against the rocks!

II

You appear clear and defined in my space and in my time
like a victorious centennial bell of silence.
Although you never know it,
you are responsible for all I suffered and struggled,
for all I laughed and cried, for all I hated and loved!

In the first tremor of your body
my pores were saturated with your love
and my whole body, in its roughness of black stone,
was soaked in your scent, your tremors, your sorrow.

You, only you,
intact and stopped in the perfect and precise time
of the best magical lapse of love in my life,
were able to build yourself, step by step,
among my cells, amid my veins
like a great wall, a wonder of your body and mine.

You, only you,
responsible for my haughty and brave laughter;
for my bursts of fury, uprising and rebellion;
harvester of my wheat;
grinder of corn; umbilical reason of our history.

You great wall, you rising sun,
will vibrate forever in my veins and in my senses,
and in my laughter now sad and defeated;
although you never know it, remember it;
although you never know it!

III

Now I realize
that the countdown has begun.
My eyes no longer shine to the moonlight.
I do not inspire hatred or fear in anybody,
as I do not inspire treason, love or loyalty!

It is hard to hear this echo resonating
in the ears of my personal history,
so attached to you after all,
announcing that everything has been consummated.
My eyes no longer shine to the light of the moon!

I am lost in the always imperfect darkness
of the great cities
where the soul becomes pavement
and love drips in the sewers radically contaminated.
Don't talk to me about my dreams, because I would bleed.
You know that I refuse to exchange them
for a small salary in dollars;
Rather I need your hands
to mitigate my sorrow and shame.

The moon no longer sets its timid light in my eyes.
Soon my body will begin to yield, and then
I will no longer be even a shade to the light of the moon;
walking disconsolate towards nowhere,
I will keep you amid my heavy load
of sublime memories and I will remember
that one day you were my victory
and the joy of my people.

De amor y de idiomas

"Tu voz que es la campana de los cinco sentidos
sería el tenue faro buscado por mi niebla..."
Roque Dalton

Háblame en español cuando sientas mis caricias;
unirás así tu piel y la mía
con un vínculo invisible y fiel que nos ata.
Yo podría arrebatarte las palabras o recurrir al silencio;
pronunciar palabras extrañas en tu lengua
y construir una oración con sílabas
inciertas e indefinidas;
pero tú has sentido el calor de mis manos
y el roce de mi piel
y has notado cómo mis ojos brillan y mis manos vuelan
cuando hablas mi idioma.

Háblame;
dime palabras dulces en la lengua de mi madre.
Yo extenderé mis brazos y te apretaré entre ellos.
A veces siento que el dulce sonido de tu voz,
cuando hablas español,
borra un poco su historia de bochorno e infamia
porque, en verdad, es la lengua del conquistador,
del genocida, violador.
El que arrasó con las lenguas milenarias
de las palabras cantadas y pintadas
en los libros de cuero y de madera de nuestros abuelos.

Por eso es que a veces siento
una satisfacción de venganza al hablarlo
sabiendo que, con este color oscuro de mi piel,
soy un eslabón que sigue arrebatando
la lengua del usurpador.
Hay momentos en los que en mi voz y en mi piel
he sentido los pasos de seres extraños y sucios;
¡dioses impostores
derribando los templos;
prohibiendo las voces y las danzas,
el sonido de caracoles y tambores al ritmo de la poesía!

Quinientos y tantos años de derroche cultural
y mi color sigue siendo el mismo...
A veces siento temor al pensar
que bajo mi piel se esconden
las misteriosas lenguas que se hablaron
en estas tierras por milenios
y que dijeron cosas dulces a las rosas, a los ríos y al fuego.

A veces tú misma suenas tan misteriosa y simple
cuando dices mi nombre
y cuando pronuncias palabras como amor,
lluvia y eternidad.
Háblame otra vez, háblame;
háblame en español cuando sientas mis caricias.

Of Love and Languages

"Your voice that is the bell of the five senses
would be the tenuous lighthouse sought by my fog..."
Roque Dalton

Talk to me in Spanish when you feel my caresses;
you will unite thus your skin and mine
with an invisible and faithful bond that ties us up.
I could snatch the words from you or resort to silence,
pronouncing strange words in your language
and building a prayer with uncertain
and indefinite syllables;
but you have felt the warmth of my hands
and the rubbing of my skin
and you have noticed how my eyes shine and my hands fly
when you speak my language.

Talk to me;
say sweet words in the language of my mother.
I will extend my arms and squeeze you between them.
At times I feel that the sweet sound of your voice,
when you speak Spanish,
erases a little its history of shame and infamy,
because in truth it is the language of the conqueror,
of the genocide and rapist,
the one who devastated the millenarian languages
of the sung and painted words
in the leather and wood books of our grandfathers.

That is why I sometimes feel a satisfaction
of revenge when speaking it,
knowing that with this dark color of my skin
I am a link that continues snatching
the language of the usurper.
There are moments when in my voice and in my skin
I have felt the steps of strange and dirty beings;
imposter Gods
demolishing the temples,
prohibiting the voices and the dances,
the sound of snails and dreams to the rhythm of poetry!

Five hundred and so many years of cultural waste
and my color continues being the same…
At times I am afraid to think
that under my skin are hiding
the mysterious languages that were spoken
in these lands for millennia
and that said sweet things to the roses, the rivers, and fire.

At times you yourself sound so mysterious and simple
when you pronounce my name
and when you pronounce words like love,
rain, and eternity.
Talk to me again, talk to me;
talk to me in Spanish when you feel my caresses.

Otro pensamiento

Estamos aquí, ante heridas palpitantes:
las tuyas y las mías.
Lapsos, momentos, circunstancias,
carretas, pájaros y algodonales
en la memoria y en el viento.

Tú ya naciste así,
persiguiendo mis pasos y mis temores;
protegiendo de la angustia mis caídas;
abriendo mis senderos, trazando la huella,
siguiendo mi rastro tan borrable e invisible
porque se aferra a la tierra y al viento.

Esta rebelión tuya, y de la hierba, me atormenta.
Aparece de repente donde nadie presintió su verdura,
como hierba insolente que brota a medianoche.
Resistencia no convocada,
rebelión no anunciada;
eso eres aquí, tan cerquita de mis sueños:
mi andar, mi vida y su final.

Another Thought

We are here before trembling wounds,
yours and mine.
Lapses, moments, circumstances,
carts, birds, and cotton fields
in the memory and in the wind.

You were born like that already,
following my steps and my fears,
protecting my falls from anguish,
opening my paths, drawing up the track,
following my footprint so erasable and invisible
because it clings to the earth and to the wind.

This grass rebellion of yours torments me
It suddenly appears where nobody predicted its greenery,
like insolent grass emerging at midnight.
No summoned resistance,
no announced rebellion;
that is what you are here, so close to my dreams:
my wandering, my life and its destiny.

¡Qué lejos!

¡Qué lejos hemos llegado, madre!
Ayer soñábamos con la rebelde presencia
de los postes de la luz
que violentarían la quietud de los guanacastes
y humillarían la majestad de la ceiba.
¡Qué cosa tan fascinante y fantástica
era encontrarse con el hielo;
saborear, en el calor de las haciendas,
su dulzura helada y derretible!
"Un día vendrán con sus inventos"
—dijiste, presagiando futuros inciertos—.

Bandadas de palomas surcaban nuestro cielo;
bandadas de pericos cantaban a la selva
húmeda, tierna y salvaje
que besaba el cielo vestido de naranja.
Soñábamos con el tendido del teléfono,
pero temíamos el día en que quebrarían, irreverentes,
la quietud de los campos.
Jamás pensamos en teléfonos sin postes y sin alambres.

¡Qué lejos hemos llegado, madre; madre, qué lejos!
Ahora ya no estás
y hay alambres y objetos extraños en los campos.
Aquí recojo tus temores y tus miedos
y pido una palabra al silencio.

How Far!

How far we have come, mother!
Yesterday we dreamed of the rebellious presence
of the light posts
breaking the quiet of the *guanacaste* trees
and humiliating the majesty of the *ceiba.*
What a fascinating and fantastic thing it was
getting to see the ice,
tasting its cold and melting sweetness
in the heat of the farms.
"One day they will come with their inventions,"
you stated, foreseeing uncertain futures.

Flocks of doves crisscrossed our sky,
flocks of parrots sang to the rain forest,
humid, tender, and wild,
while it kissed the sky dressed in orange.
We dreamed of the telephone lines,
but were afraid of the day that they would irreverently break
the quiet of the fields.
We never ever thought about phones without posts and
wires.

How far we have come, mother, how far!
Now you are not there anymore
and there are wires and strange objects in the fields.
Here I put together your fears and dreads
and request a word from silence.

Días de silencio

Por aquellos días creí haber superado mis complejos,
mi desconfianza natural contra todo tipo de políticos
y jerarcas de iglesia.

De creer en un mundo posible
pasé a imaginarme la felicidad en un mundo imposible.
Mi mirada altiva y valiente
impulsadora de causas rebeldes
se estrelló contra la máscara de un mundo
en tantas formas decadente.

Como el brillo tierno de una luna de otoño
mi voz entonces se aferró al silencio,
caminó a la orilla del camino
y se encontró rodeada de la indiferencia.

Así estaba cuando con pasos suaves llegaste,
y a esta vida mía, sangrada, tomaste de la mano;
y contigo regresó el verbo a levantar mi voz
por tanto tiempo silenciada.

Por aquellos días todo era silencio;
por aquellos días
volví de nuevo al comienzo.

Days of Silence

Back in those days I believed I had overcome my fears,
my natural mistrust against all type of politicians
and church hierarchy.

From believing in a possible world
I went to imagining happiness in an impossible world.
My proud and valiant vision,
advocate of dreams and rebel causes,
crashed against the mask of a world
in so many ways decadent.

Like the tender glow of an autumn moon
my voice then took hold of silence,
walked on the side of the road
and found itself surrounded by indifference.

There I was when, with smooth steps, you arrived,
and you took my bleeding life by the hand.
With you, the language came back to raise my voice
so long silenced.

Back in those days everything was silence;
by those days
I returned again to the beginning.

De la presente edición:
Pasajeros en el tiempo/Passengers in time
por Vladimir Monge
producida por la casa editorial CBH Books
(Massachusetts, Estados Unidos)
e impresa en los talleres poligráficos de Quebec,
Canadá, año 2006.
Cualquier comentario sobre esta obra
o solicitud de permisos, puede escribir a:
Departamento de español
Cambridge BrickHouse, Inc.
60 Island Street
Lawrence, MA 01840, U.S.A.